뒷산의
새 이야기

**일러두기**
1. 이 책은 2014년에 12월에 펴낸 《솔부엉이 아저씨가 들려주는 뒷산의 새 이야기》의 개정판입니다.
2. 서울 강서구 봉제산에서 주로 만난 새 64종을 관찰한 내용을 담았습니다.
3. 새 이름은 한국조류학회의 한국조류목록(2009)을 따라 표기했으며, 풀, 나무 곤충 이름은
   국립국어원의 표준국어대사전을 따랐습니다. 그러나 새끼새, 어린새, 어미새와 같은 새 관련 용어는 예외로 했습니다.

# 뒷산의
# 새 이야기

처음 만나는 산새 관찰기

이우만 글 그림

보리

## 작가의 말

새의 존재를 알게 된 뒤로 새들을 만나러 이곳저곳을 찾아다녔습니다. 봄이면 가는 것만 꼬박 반나절이 걸리는 먼 섬에 찾아갔고, 겨울이면 동해안을 훑으며 새들을 만났습니다. 여태껏 보지 못한 새가 어딘가 나타났다는 소식을 들으면, 차로 몇 시간씩 걸리는 새벽길을 마다하지 않았습니다. 그러면서 만난 새들의 수는 점점 늘었지만 정작 새에 대해 별로 아는 건 없다는 생각에 늘 마음 한곳이 불편했습니다.

문득 '일상에서 자주 새들과 만나고 그들에 대해 알아 가고 싶다'는 생각이 들었습니다.

단단히 준비하고 많은 시간과 비용을 들이는 여행 같은 만남이 아니라 밥 먹고 산책하듯 일상 속에서 만나고 싶다는 바람 말입니다. 그때쯤부터 뒷산에 깃들어 살기 시작했고 세 해 동안 관찰하고 기록한 결과물이 바로 《뒷산의 새 이야기》였습니다.

얼마 전 동네의 새를 관찰하는 것으로 화제가 된 중학생이 《뒷산의 새 이야기》를 읽고 동네에서 살아가는 새들에 더 관심을 갖게 되었다고 이야기한 인터뷰 기사를 읽었습니다. 세상에 내놓은 뒤 내가 들려주는 이야기가 사람들에게 잘 전달되고 있을지 궁금했었는데, 부족한 대로 세상에 내놓기를 잘했다는 생각이 들었습니다.

그 뒤로 책 두 권이 더 세상에 나왔습니다. 뒷산에서 우연히 본 한 장면을 이야기로 담은 그림책 《청딱따구리의 선물》과 뒷산 새들의 먹이 생태를 좀 더 세밀하게 들여다보고 기록한 《새들의 밥상-뒷산 새 먹이 관찰 도감》입니다.

출판사로부터 《뒷산의 새 이야기》 개정판을 내자는 제안을 듣고, 책장에 꽂혀 있던 《뒷산의 새 이야기》를 꺼내 천천히 읽어 봤습니다. 꽤 오랜 시간이 지났지만 여전히 독자들에게 들려주고 싶은 이야기가 담겨 있다는 생각이 들었습니다. 그런 이야기들을 나누는 데 도움이 된다면 좀 더 다듬어 세상에 다시 내놓는 것도 괜찮겠다는 생각이 들었습니다. 이 책을 개정하면서 처음 엮어 낼 때 경험이 부족해 하지 못했던 이야기들을 더했고 글과 그림들도 좀 더 보기 좋게 편집했습니다.

얼마 전 대학 후배가 새를 좋아하게 된 딸과 함께 제 책을 들고 뒷산에 새를 보러 갔다며 사진을 보내왔습니다. 세상에 새로 나올 《뒷산의 새 이야기》가 우리들 가까이서 함께 살아가는 새들과 새들의 터전에 대한 관심을 높이는 데 도움이 되었으면 좋겠습니다.

이우만, 2021년 1월

차례

**작가의 말** 4

우리나라의 새 8
뒷산에서 새들을 관찰하려면 14

## 봄에 만난 새

이른 봄 둥지를 만드는 새들 20
뒷산에 있는 새들의 둥지 26
봄에 뒷산에서 새롭게 만난 새들 29
다시 만난 청딱다구리 41

## 여름에 만난 새

뒷산에서 만난 여름 철새들 44
여름내 바쁜 뒷산의 새들 58
새와 벌레들의 숨바꼭질 62
더불어 살아가는 뒷산 생명들 66

## 가을에 만난 새

나는 연습을 하는 어린 새호리기  70
가을철 다시 만난 새들  72
층층나무 열매를 좋아하는 새들  76
색색깔 열매가 익어 가는 뒷산  80
다가올 겨울을 준비하는 새들  84

## 겨울에 만난 새

친구가 되어 준 고마운 박새  90
새들이 겨울나무에 남긴 흔적  94
겨울철 새들의 소중한 먹이, 열매  96
새들의 먹이 창고  100
겨울나는 곤충과 새  102
새와 먹이대  104

**새와 좀 더 가까워지기** 새를 관찰할 때 무엇에 주의해야 할까요?  112
**가나다로 새 이름 찾아보기**  116

# 우리나라의 새

지구에 사는 모든 새는 약 10,000종쯤 된다고 해요.
이 가운데 우리나라에서 관찰된 새는 모두 550종쯤이지요.
우리나라는 텃새보다 철새나 나그네새의 수가 많은 편이에요.

## 텃새

텃새는 사계절 내내 일정한 지역에 계속 머무는 새들을 말해요.
번식기나 월동기에 어느 정도 떨어진 곳까지 이동하기도 해요.
텃새로 알려져 있지만, 번식기에는 더 깊은 숲으로 가서 번식하는 새들도 있어요.
소청도에 있는 철새 연구 센터에서는 북한에서 남한으로 바다를 건너 이동하는
박새 무리가 관찰되기도 했어요.

봄이면 나무에 구멍을 뚫어 둥지를 만듭니다.
수컷은 머리 뒤편에 붉은색 깃털이 있지요.
우리나라에서 관찰되는 딱다구리들은
거의가 텃새입니다.

오색딱다구리 수컷

작은 산이나 공원, 들, 하천 둘레
어디서나 쉽게 만날 수 있는
대표적인 텃새입니다.

박새 암컷

## 철새

철새는 계절에 따라 먼 곳까지 이동하는 새들을 말해요.
봄에 우리나라로 찾아와 번식을 하고 여름내 머물다
가을에 남쪽으로 떠나는 새를 '여름 철새', 가을에 우리나라로 찾아와
겨우내 머물다 봄에 번식지를 찾아 떠나는 새를
'겨울 철새'라고 해요.
우리나라에서도 지역에 따라 구분을 다르게 하기도 해요.
가끔은 철새들 가운데 텃새처럼 계속 머무는 새들도 있어요.

### 여름 철새

봄에 우리나라로 찾아와 짝짓기 하고 새끼를 친 다음,
가을에 따뜻한 남쪽 나라로 가서 겨울을 나는 새들이에요.
이르면 3월 초부터 찾아왔다가 10월 말쯤이면 거의 떠납니다.
주로 동남아시아와 우리나라를 오가요.
저 멀리 오스트레일리아나 아프리카에서 오기도 합니다.

흰눈썹황금새 수컷

흰눈썹황금새 암컷

노란색 깃이 예쁜 흰눈썹황금새는
우리나라를 찾는 대표적인
여름 철새입니다.
작은 숲이나 도심 속 공원에 있는
나무 구멍, 인공 새집에서 번식합니다.

## 겨울 철새

가을에 우리나라로 찾아와 겨울을 나고
이듬해 봄 북쪽으로 가서 새끼를 치는 새들이에요.
이르면 9월부터 찾아오고, 10~11월 사이에 가장 많이 날아와요.
이듬해 3월이면 거의 다 떠납니다.
주로 몽골과 러시아, 우리나라를 오가지요.

뒷산을 찾는 새 가운데
크기가 가장 작아요.
주로 침엽수에서 관찰되며
작은 거미나 톡토기 같은
벌레들을 잡아먹어요.

상모솔새

해마다 찾아오는 겨울 철새들과 달리
드물게 찾아오는 겨울 철새예요.
딱딱한 꼬리로 몸을 받치고,
긴 발톱을 써서 나무껍질을
움켜잡고 돌며 올라가요.

나무발발이

## 나그네새

봄가을 번식지나 월동지로 가는 길에 우리나라에 들르는 새들을 말해요.
먼 거리를 이동하는 새들에게 우리나라는 아주 중요한 곳이에요.
거친 바닷바람을 맞으며 바다를 건너던 새들은 섬에 들러 지친 몸을 쉬어요.
멀리 호주에서 날아온 도요들은 서해안의 갯벌에서
먹이를 먹고 번식지까지 갈 힘을 얻지요.
내륙의 작은 공원이나 산에도 봄가을이면 많은 새들이 들러 쉬어 가요.
우리나라에서 관찰된 새들 가운데 4분의 1 정도가 나그네새예요.
나그네새들 가운데 번식이 관찰되거나 겨울을 나는 새들도 있어요.

봄가을 이동 시기에
뒷산을 들렀다 가요.

노랑딱새 암컷

## 길 잃은 새

우리나라를 정기적으로 오가지 않던 새들이
우연히 관찰될 때가 있어요.
그런 새들을 길 잃은 새(미조)라고 불러요.

꼬까울새

2006년 홍도에서 처음 관찰된 새예요.
2014년 1월 하남에서 겨울을 나기도 했어요.
유럽에서는 아주 쉽게 볼 수 있어요.

### 사는 곳에 따라 다른 새의 특징

새는 주로 사는 환경에 따라 '산새', '물새'로 나눠요.
더 자세하게 분류하자면 산새와 들새, 물새로
물새는 민물새와 바닷새로 나누기도 합니다.
이 책에는 주로 산새들에 대한 이야기를 담았습니다.
산새라고 해서 깊고 높은 산에만 사는 건 아니에요.
사람들이 사는 곳에서 가까운 공원이나 숲, 동네 뒷산에서도
다양한 산새들을 볼 수 있어요.

**들새**

쇠부엉이는 겨울 철새예요.
주로 하천 둘레나 들판에서
쥐를 잡아먹어요.

쇠부엉이

## 물새

왜가리는 여름 철새이자 텃새예요.
물에서 물고기를 잡아먹어요.

왜가리

## 산새

산에서 주로 보지만 하천변, 들판, 물가에서도 만날 수 있어요.
노랑할미새처럼 물가에서 주로 볼 수 있지만
산새로 분류된 새도 있어요.

까치

오색딱다구리

박새

곤줄박이

우리 나라의 새 13

# 뒷산에서 새들을 관찰하려면

여긴 내 방이에요.
여기서 그림도 그리고 새들도 관찰해요.
창문을 열면 바로 뒷산이 보이지요.
창틀에 만들어 놓은 먹이통은
뒷산 새들이 자주 찾는 곳이에요.

## 관찰 대상을 존중하는 마음이 필요해요

새들의 서식지를 방문할 때는
문화가 다른 낯선 이웃의 집을 방문한다고 생각하면 됩니다.
단순한 피사체나 즐거움을 주는 대상이 아니라
같은 공간에서 살아가는 생명으로서
새들을 존중하는 마음이 중요해요.

## 탐조할 때 있으면 좋아요

### 새 도감

낯선 새를 만났을 때
도감을 보면 새 이름을 알 수 있어요.
또 도감을 미리 살피며 새 이름과 특징을
익혀 두면 새를 만날 확률이 더 높아져요.

### 관찰 수첩과 스마트폰

관찰 수첩에 관찰한 내용을 바로 기록하면 좋아요.
새 종류나 특징뿐 아니라 소리나 날씨 같은
주변 환경까지 함께 기록해 두면 더 좋아요.
스마트폰에 새소리를
녹음해 두면 모습을 보지 않아도
어떤 새들이 있었는지 알 수 있어요.

## 탐조할 때 이런 옷차림이 좋아요

너무 화려하지 않은 편한 복장이면 돼요.
여름에는 식물의 가시나 벌레로부터 피부를 보호할 수 있는
긴 팔 옷이 좋고 겨울에는 한곳에 오래 머물 수 있으니
추위를 견딜 수 있는 두꺼운 옷을 입는 게 좋아요.

### 쌍안경

주로 숲이나 들을 돌아다니면서
움직이는 새들을 관찰할 때 써요.
겁이 많은 새들에게 피해를 덜 주고
관찰할 수 있게 도와주는 도구예요.

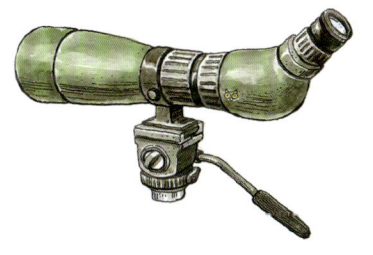

### 망원경(필드스코프)

넓은 갯벌이나 호수처럼 먼 곳에 있는 새들을
관찰할 때 주로 써요.
삼각대에 받치고 사용해야 해서 많은 거리를
이동할 때보다 한곳에서 관찰할 때 좋아요.

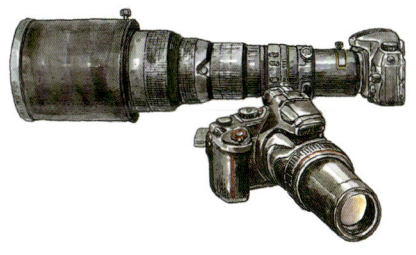

### 망원렌즈 카메라

망원렌즈가 장착된 카메라는
관찰과 기록을 동시에 할 수 있어요.
눈으로 놓치기 쉬운 장면을 기록한 뒤
나중에 확인할 수 있어서 좋아요.

봄이 오면 키 작은 나무와 풀들은
키 큰 나무들보다 더 부지런히 싹을 틔워요.
키 큰 나무 잎에 가려 그늘이 지기 전에 얼른 햇빛을 받아야 하거든요.
새잎을 살랑살랑 간질여 주는 따뜻한 봄바람이 불면
그 바람을 타고 새들도 함께 날아와요.

봄에
만난 새

# 이른 봄 둥지를 만드는 새들

나뭇가지만 앙상하던 겨울 숲에
노란 생강나무꽃이랑 분홍 진달래가 먼저 생기를 불어넣기 시작해요.
그러면 연둣빛 새잎들이 기다렸다는 듯 퐁퐁퐁퐁 고개를 내밀어요.
봄이면 숲에 살던 새들은 짝을 찾고 새끼 키울 둥지를
만드느라 무척 바빠집니다.

까치가 늦겨울부터 마른 나뭇가지를 부지런히 물어 나르더니,
벌써 둥지를 거의 다 지었어요.
나무 꼭대기에 매달린 둥지가 아슬아슬하게 보이지만,
까치는 아주 훌륭한 건축가라 나뭇가지가 휘청거릴 만큼
센 바람에도 끄떡없어요.

까치는 둥지를 만들 때
겉은 긴 나뭇가지를 엮고
진흙으로 단단하게 고정해요.
속은 부드러운 풀이나 깃털을 깔아요.

까치

어치도 둥지를 만들려나 봐요.
알맞은 나뭇가지를 고르더니
부리로 똑 부러뜨려요.

어치

봄에 만난 새 21

나무나 바위에 붙어 있는 이끼는
새들이 좋아하는 둥지 재료예요.
둥지 안에 이끼를 깔면 폭신폭신하니까,
동고비도 둥지 안에 깔 이끼를
구하러 왔나 봅니다.

동고비

붉은머리오목눈이는
당매자나무 껍질을 벗겨 내고 있어요.
껍질을 엮어서 우거진 덤불 속에
둥지를 만들려나 봐요.

**붉은머리오목눈이**

이른 봄 숲에선 짝을 찾는 새들의 노랫소리와
딱다구리들이 뚝닥 뚜다닥 둥지를 만들기 위해
나무를 쪼는 소리로 분주합니다.

구멍 속에서 둥지 만들기에 한창이던
오색딱다구리가 잠시 쉬며 구멍 밖을 내다봐요.
나중에 둥지에서 자라날 오색딱다구리 새끼도
저 구멍을 통해 처음 세상을 바라볼 겁니다.

**오색딱다구리**

머리에 빨간 베레모를 쓴
청딱다구리 수컷이
아까시나무에 구멍을 뚫고 있어요.
구멍을 뚫다 말고 옆 나무로 가더니
'께께께께께' 하고 소리를 냅니다.
멀리 있는 암컷에게
"멋진 집을 짓고 있으니 나와 결혼해 주세요!"
라고 말하는 것 같아요.

**청딱다구리**

봄에 만난 새

쇠딱다구리

숲 속 여기저기서 '뚝딱 뚜다닥'
딱다구리들이 집 짓는 소리가 들려요.
청딱다구리 소리는 멀리서도 경쾌하게 들려와요.
그런데 가볍게 나무를 두들기는 소리가 정말 가까이서 들리네요.
고개를 돌려 보니,
사람들이 많이 오가는 등산로 바로 옆 나무에
구멍을 파는 쇠딱다구리가 보여요.
버섯이 다닥다닥 붙은 죽은 물오리나무에 매달려서
열심히 구멍을 파고 있어요.

먹이를 찾는가 싶어 가만히 지켜봤어요.
몸이 들어갔다 나왔다 하는 걸 보니
둥지를 파고 있는 게 틀림없어요.
바로 옆 등산로에 사람들이 많이 지나다니는데도,
쇠딱다구리는 구멍을 파느라 정신이 없네요.
사람들한테 피해를 입지 않고
저 둥지에서 새끼를 잘 길러 낼 수 있을까요?

# 뒷산에 있는 새들의 둥지

봄이 깊어지면 숲 여기저기서 새 생명이 태어날 거예요.
갓 태어난 새끼들은 얼마 동안 날지 못하기 때문에
천적들한테 잡아먹히기 쉬워요.
그래서 새들은 둥지 틀 곳을 아주 까다롭게 고르지요.
새끼들을 안전하게 길러 내려고 그러는 거예요.

까치 둥지는 다른 새들한테 인기가 많아요.
오래된 나무가 별로 없는 뒷산에서는
솔부엉이나 파랑새도 까치 둥지를 빌려 쓰거든요.
그런데 새호리기는 까치가
새로 지은 둥지를 뺏으려고 해요.
까치가 쓰고 난 다른 둥지도
많은데 말이에요.

새호리기

까치가 빼앗기지 않으려고 버텨 보았지만
끝내 새호리기가 둥지를 차지해 버렸어요.

까치

쇠박새는 겨울 동안 먹이 창고로 쓰던
아까시나무 구멍에 둥지를 틀었어요.
어떻게 알았냐고요?
겨울에는 그냥 들어갔다가
먹이를 물고 나왔는데,
봄이 되니까 벌레를 물고 들어가서는
하얀 젤리 같은 똥을 물고 나왔거든요.

쇠박새

쇠박새 어미가
새끼한테 먹이를 물어다 주고
새끼가 눈 똥을 물어
둥지 바깥으로 내놓고 있어요.

사람들이 나무에 달아 준
둥지상자에 박새 식구가
살고 있어요.

박새

누가 그랬는지
분유통에 구멍을 뚫어서 걸어 놨어요.
그런데 새들은 여기가
마음에 들지 않았나 봐요.
한참 지나도록
아무도 살지 않았어요.

# 봄에 뒷산에서 새롭게 만난 새들

뒷산에서 보이지 않던 새들이 보이기 시작했어요.
먼 남쪽 나라에서 북쪽 고향으로 날아가던 새들이
쉬어 가려고 들렀나 봐요.
바다 위를 날아가는 새들한테
섬이 좋은 쉼터인 것처럼,
콘크리트 건물로 둘러싸인 도시에서
뒷산은 새들에게 소중한 쉼터예요.

봄바람에 나뭇잎이 날리는 줄 알았어요.
가만히 보니 초록색 깃털을 가진 솔새들이
나뭇잎 사이로 재빠르게 날아다녀요.
언뜻 모두 닮았지만 자세히 보면 조금씩 다르게 생겼어요.

노랑눈썹솔새는 산솔새보다 작고
깃털 색이 어두운 초록빛을 띠어요.
날개에는 흰 줄이 두 개 나 있지요.
나뭇잎 사이로 날아다니며
작은 벌레들을 잡아먹어요.

노랑눈썹솔새

노랑허리솔새는 솔새들 가운데
크기가 가장 작고
깃털에 노란색이 진해요.
날개를 펼치면 밝은 노란색
허리가 보여요.

노랑허리솔새

산솔새는 아래쪽 부리가 밝은 주황빛이에요.
머리 가운데 쪽 깃털이 밝은색이어서
꼭 줄무늬처럼 보여요.
먼 길을 오느라 배고팠나 봐요.
나뭇잎 속에 숨은 벌레를
잡아먹느라 바쁘지요.
산솔새는 뒷산에서 번식하는
여름 철새이기도 해요.

산솔새

되솔새

되솔새는 눈 가장자리가 짙고
발 색깔이 밝은 분홍빛이에요.
되솔새도 여름 철새지만
뒷산에서는 번식한 것을 보지 못했어요.

봄에 만난 새

솔새들이 나뭇잎 사이로 빠르게 움직이며 작은 애벌레들을 잡는다면,
솔딱새들은 삐죽 나온 나뭇가지에 가만히 앉아 있다가
날벌레가 보이면 휙 날아 사냥을 하지요.
새들마다 모습도 먹이를 찾는 방법도 달라서 참 재미있어요.

쇠솔딱새는
솔딱새들 가운데 가장 작아요.
배에 줄무늬가 없어요.

쇠솔딱새

솔딱새들은 날벌레가 많은
숲속 나뭇가지에 앉아 있다가
날벌레가 보이면 휙 날아서 잡아먹어요.
그러고는 다시
앉았던 나뭇가지로 돌아오지요.

제비딱새는 가슴과 옆구리에
선명한 줄무늬가 있어요.

**제비딱새**

솔딱새는 가슴에
회색 얼룩무늬가 있어요.

**솔딱새**

솔딱새가
작은 벌을 잡았어요.

봄에 만난 새 33

큰유리새, 유리딱새, 쇠유리새처럼
이름에 '유리'라는 말이 들어가는 새들은 모두
수컷이 파란색 깃털을 가지고 있어요. 자세히 보면
먹이를 잡는 습성도 파란색 깃털 빛깔도 조금씩 달라요.

큰유리새는 뒷산에 찾아오는 여름 철새예요.
나뭇가지에 앉아 있다가 휙 날아
날벌레를 잡아먹는 걸 보면
왜 영어 이름에 플라이캐쳐(flycatcher)가 들어가는지 알 것 같아요.
가을엔 층층나무 열매나 일본목련 열매도 잘 먹어요.

큰유리새가 나뭇가지에 앉았다가
날벌레를 잡으려고
날아올랐어요.

큰유리새 수컷

화려한 색의 수컷과 달리
암컷은 수수해요.
유리딱새나 쇠유리새 암컷과 달리
파란색 깃털이 하나도 없어요

큰유리새 암컷

유리딱새 암컷

유리딱새 수컷

유리딱새는 봄과 가을
뒷산에 들러 가는 나그네새예요.
가끔 겨우내 머물기도 해요.
수컷과 암컷 모두 옆구리에
주황색 깃털이 있어요.

쇠유리새도 봄과 가을 뒷산에
들러 가는 나그네새예요.
울새처럼 바닥을 종종걸음 치며
먹이를 찾아요.

쇠유리새 수컷

쇠유리새 암컷

흰배멧새와 노랑눈썹멧새를
처음 봤을 때는 뒷산에서 늘 만나는
노랑턱멧새인 줄 알았어요.
그런데 자세히 보니
생김새가 조금씩 달라요.
이렇게 비슷하게 생긴 새들을
구별해 내려면
꼭 도감을 찾아봐야 해요.

노랑턱멧새 수컷

노랑턱멧새는
눈썹과 멱이 노래요.

노랑눈썹멧새 수컷

흰배멧새 수컷

노랑눈썹멧새는
눈썹만 노래요.

흰배멧새는 얼굴에
까만 줄무늬만 있고
노란색 깃이 없어요.

깃털 색이 화려한 새들 이름에는 '꼬까'라는 말이 들어가요.
꼬까직박구리, 꼬까참새, 꼬까도요, 꼬까울새가 있어요.

서해 먼 섬에서 만났던
꼬까직박구리를 뒷산에서
다시 만날 줄은 꿈에도 몰랐어요.
그러고 보니 바다 한가운데 있는 섬과
콘크리트에 둘러싸인 뒷산이
꼭 닮았다는 걸 알게 됐죠.

**꼬까직박구리 수컷**

뒷산 사는 참새가 꼬까옷을 입으면
꼬까참새가 되는 걸까요?
화려한 꼬까참새가 참 예쁘기는 하지만
수수한 참새도 좋아요.

**꼬까참새 수컷**

우거진 떨기나무들 사이에서
울새가 나타나 '표로로로로로' 울어요.
부리에 흙이 묻은 걸 보니
방금 전까지 땅을 뒤지며 먹이를 찾았나 봐요.

울새

울새는 가슴에
비늘무늬 깃털이 있어요.

참새보다 조금 큰 힝둥새 한 마리가
긴 꼬리를 까딱거리며 숲 바닥을 걸어가요.
걷는 모습이 꼭 뒷짐 지고 산길을
천천히 걸어가는 할아버지를 닮았네요.
자세히 보려고 다가갔더니
삑 소리를 내며 나뭇가지로 날아갔어요.
나뭇가지에 앉아서도
여전히 꼬리를 까딱거려요.

힝둥새

**흰눈썹붉은배지빠귀**

뒷산 그늘진 곳에서는 지빠귀들이 낙엽 뒤지는 소리가 시끄럽게 들려요.
가까이 다가가니까 후두두둑 날아가더니
지빠귀 한 마리가 나뭇가지에 앉았어요.

**밀화부리 수컷**

언젠가 제주도에서 만났던 밀화부리를
뒷산에서도 만났어요.
검은 두건을 쓴 것 같은 머리와
두꺼운 부리를 보고
한눈에 알아볼 수 있었어요.

봄에 만난 새  39

봄에는 다양한 새들이 뒷산을 찾기 때문에,
여러 새들의 소리를 익혀 두면 어떤 새가 들렀는지 쉽게 알아챌 수 있어요.

**할미새사촌 수컷**

할미새사촌을 찾을 수 있었던 건
할미새사촌이 낸 낯선 소리 덕분이었어요.
섬에서는 유채꽃에 매달려 벌레를 잡아먹던
할미새사촌이 뒷산에서는
높은 나뭇가지에서 먹이를 찾았어요.

흰눈썹지빠귀도 좀처럼 만나기
어려운 새인데,
뒷산에서 처음 보고는
가슴이 두근거릴 만큼 기뻤어요.
거무튀튀한 몸에
굵게 도드라진 흰 눈썹이 정말 멋졌지요.

**흰눈썹지빠귀 수컷**

# 다시 만난 청딱다구리

이른 봄부터 아까시나무에
열심히 둥지를 파던 청딱다구리를
여름이 가까울 무렵에 다시 만났어요.
어느 날부터 구멍 뚫기를
그만두는가 싶더니
죽은 참나무에 나 있는
오래된 구멍에 들어가 앉았어요.
왜 둥지 구멍을 뚫다 말았는지
새 짝을 찾기는 한 건지
청딱다구리한테
물어보고 싶은 게 많아요.

구멍에서 얼굴만 빼꼼 내밀고
지나가는 사람을 쳐다보는 모습이
왠지 안쓰러워요.

풀과 나무는 꽃을 피워 씨앗과 열매를 맺기 시작하고,
수많은 곤충들이 알에서 깨어나 풀과 나무를 먹고 어른벌레가 돼요.
어미새들은 자라난 벌레들을 먹여서 어린새들을 키우지요.
나뭇잎이 빽빽한 여름 숲은 얼마나 많은 생명들을 품고 있을까요?

여름에
만난 새

# 뒷산에서 만난 여름 철새들

여름 철새는 봄에 뒷산에 날아와서 새끼를 낳고 키우다가
가을에 남쪽 나라로 떠나요.
여름 철새 덕분에 뒷산은 더욱 생기가 넘치지요.
올해도 어김없이 찾아온 새들을 보니 무척 반가워요.
새들이 내는 갖가지 아름다운 소리에 귀를 기울여 봐요.

나무 위에서 내려다보던
솔부엉이와 눈이 딱 마주쳤어요.
커다랗고 노란 눈이
마치 자동차 불빛 같아요.
'우우! 우우!' 하는 소리를
듣지 못했으면
아마 모르고 지나쳤을 거예요.

솔부엉이

소쩍새

밤마다 '솥쩍다 솥쩍다' 하는
소리만 듣다가 실물을 처음 보고는
놀라서 '꺄악!' 하고 소리 지를 뻔했어요.
크고 노란 눈을 느리게 끔벅끔벅하던 모습은
아마 오래도록 잊지 못할 거예요.

꾀꼴 꾀꼴 꾀꼬리도 뒷산에 찾아왔어요.
노래를 잘하는 사람에게 '꾀꼬리처럼 노래한다'고 말하곤 하지요?
그런데 꾀꼬리는 짝을 찾을 때만 예쁜 소리로 노래한대요.
예쁘게 노래하다가도 '구웨엑' 하는 아주 괴상한 소리를 내요.
높은 나무에서 와이(Y) 자로 갈라진 나뭇가지를 찾아 밥그릇 모양 둥지를 만들어요.

노란 깃털이 고운 흰눈썹황금새는
봄에 뒷산에 들렀다 그냥 간 줄 알았어요.
그런데 여름에 층층나무 열매를
먹으러 온 어린 흰눈썹황금새를 보고
뒷산에서 새끼를 키웠다는 걸 알았지요.

여름에 만난 새 45

숲 바닥을 종종거리며 걸어 다니는 숲새를 보고
갈색 낙엽이 바람에 날려 굴러다니는 줄 알았어요.

숲새가
나뭇잎 속에서
먹이를 찾아요.

숲새는 풀벌레가 날개를 부비는 것처럼
'츠르르르르' 하는 소리를 내면서
긴 다리로 콩콩콩 뛰기도 해요.

숲새

숲새가
바위틈에서도
벌레를 찾아요.

나뭇잎 속에서 작은 거미 한 마리를 잡았나 봐요.
돌돌 말린 낙엽 속에 꽁꽁 숨어 있었을 텐데
용케 찾았네요.

여름에 만난 새

되지빠귀 수컷

되지빠귀 수컷이 맑은 소리로
짝을 찾는 노래를 불러요.
깊은 산 속에서 돌돌 흐르는
맑은 계곡물 소리 같기도 하고
어릴 적 친구가 불던 호루라기 소리 같기도 해요.

되지빠귀 암컷이 나뭇잎을 뒤지며
먹이를 찾고 있어요.

되지빠귀 암컷

뻐꾸기

우거진 나뭇가지 사이로 뻐꾸기가 보여요.
뻐꾸기는 다른 새들 둥지에 몰래 알을 낳고는 모른 척한대요.
그럼 그 새는 뻐꾸기 알이 자기 알인 줄 알고 알을 품고 새끼를 키우지요.
이렇게 다른 새의 둥지에 알을 낳고 대신 키우게 하는 번식 방법을 '탁란'이라고 해요.
사람들은 뻐꾸기보고 새끼를 버리는 모진 어미새라고 하지요.
하지만 뻐꾸기도 무슨 사정이 있는 게 아닐까요?
자기 새끼를 직접 키우지 못하는 뻐꾸기가 어쩐지 애처로워 보여요.

호랑지빠귀

호랑지빠귀 새끼새

호랑지빠귀 부부가 벚나무에 둥지를 틀었어요.
지렁이를 잔뜩 문 호랑지빠귀를 눈으로 쫓아가 보니
이끼랑 나무껍질로 정성껏 만든 둥지에 새끼들이 무럭무럭 자라고 있어요.
배고픈 새끼가 없도록 어미가 지렁이를 골고루 나누어 주면 좋겠네요.

어미새가 돌아올 때가 되면 어떻게 알았는지
새끼들이 입을 크게 벌리고
부리를 마구 흔들며 서로 달라고 해요.

어미새가 준 지렁이를 먹고 나면
새끼들은 궁둥이를 높이 들고
젤리 같은 하얀 똥을 눠요.
어미는 새끼들이 눈 똥을
꿀꺽 먹어 치우거나
멀리 가져가서 버리곤 해요.
천적이 똥 냄새를 맡고
새끼들을 해치러 올까 봐 그러는 거예요.

둥지에서 먹이를 받아먹던 새끼들이
어느 정도 날 수 있게 되면 둥지를 떠나요.
그걸 '이소'라고 합니다.
이소한 어린새들은 어미의 보살핌을 받으며
나는 법도 익히고 먹이를 찾는 법도 배워요.
봄이 한창 깊어 갈 즈음 뒷산은 선생님 따라 숲 체험 나온 아이들처럼
어미를 따라다니는 어린새들 소리로 무척 소란스럽습니다.

어미새가 벌레를 잡으니까
어린 오목눈이들은 서로 자기한테
먹여 달라고 법석이에요.
어미새는 한 마리도 빼놓지 않고
골고루 먹이려고 노력해요.

오목눈이　　　　　　　　　　　　　　　오목눈이 어린새

어미새가 잡은 벌레를
나뭇가지에 패대기쳐서
어린 오목눈이가
먹기 좋게 만들어 줘요.
어릴 적 생선 가시를 발라
밥 숟가락 위에 놓아 주던
엄마가 생각났어요.

오목눈이 어미

어린 오목눈이들이 어미새를 따라서
나뭇가지 여기저기를 날아다녀요.
어미새는 눈테가 노랗고
어린새 눈테는 붉은빛이에요.

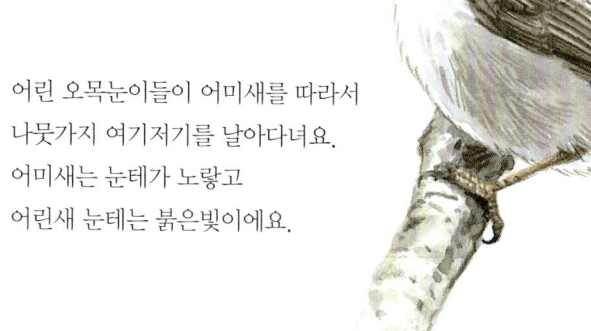

오목눈이 어린새

여름에 만난 새

쇠박새

시원한 그늘 속에 쇠박새 식구들이 모여 있어요.
어린 쇠박새들은 날개를 파르르 떨며 애타는 소리로 어미를 부르는데
그 소리를 듣고 천적이 다가오면 어쩌나 걱정돼요.
어미새도 그게 걱정됐는지 참나무 잎 속에서
벌레를 잡아 어린새들에게 얼른 먹여요.
지금 어미를 졸라 먹이를 받아먹는 어린새들이 다음해 이맘때면
어미가 되어 자기 새끼들을 키울 겁니다.

어린 쇠박새들도 어미새를 따라
벌레 잡는 연습을 해요.
이제 조금만 있으면 어미새를 떠나
홀로 살아가야 하거든요.
게으름 피울 새도 없이 부지런히
사냥하는 법을 익혀야 해요.

쇠박새 어린새

깃털이 보송보송한 어린 쇠박새들과 달리
어미새들은 깃털이 많이 닳아 있는 데다
무척 지쳐 보였어요.
깃털이 듬성듬성 빠져서
살갗이 보이기도 했지요.
새끼들을 품고 먹이느라
자기는 돌보지 못했나 봐요.

쇠박새 어미

여름에 만난 새

꾀꼬리 어미새가 어린 꾀꼬리에게 나는 법을 가르치고 있어요.
그런데 어미새는 낡은 깃털이 빠지고
새 깃털이 나고 있는지 날개깃이 들쑥날쑥해요.

어미새가 먹이를 물고 먼 곳으로 가서 어린 꾀꼬리를 불러요.
어린 꾀꼬리는 냉큼 날아가서 먹이를 받아먹지요.
먹이로 꾀어서 나는 법을 가르치는 거예요.

꾀꼬리    꾀꼬리 어린새

어린 박새는 얼마 전까지만 해도
둥지에서 깃털도 없는 날개를 파닥거리며
먹이를 달라고 떼를 썼어요.
그런데 어느새 자라 어미새와 닮아 가네요.
여물지 않은 부리에 노란 부분이 없었다면
어린새인지 알아보지 못했을 거예요.

박새 어린새

박새 식구들이 옹달샘에 목욕하러 왔어요.
어미새가 먼저 가서 씻으니까
어린 박새들도 한 마리씩 날아와서 목욕해요.
물속에 머리를 담그고 장난치는 어린 박새들이 정말 귀여워요.

박새

여름에 만난 새　57

# 여름내 바쁜 뒷산의 새들

훌쩍 자란 어린새들이 보여요.
아직은 어미가 가까운 곳에서 보살피지만
제법 스스로 먹이를 찾기도 하고
날개에 힘이 붙어 어미처럼 멋지게 날기도 해요.
부쩍 자란 만큼 모습도 점점 어미를 닮아 가요.

깃털이 거무튀튀한 어린 파랑새가
어미새를 기다리고 있어요.
사냥을 잘하게 될 때쯤이면
깃털 색이 선명해지고
부리도 더 빨갛게 변할 거예요.

파랑새 어린새

늦게 태어난 새호리기 새끼는
아직도 둥지에서
어미가 잡아다 주는 먹이를 받아먹고 있어요.
새호리기 수컷이 부리에 먹이를 물고 오니까
암컷이 수컷을 향해 빠르게 날아가요.

**새호리기**

암컷은 수컷이 물고 있던 먹이를
나는 채 발로 건네받았어요.
새끼한테 가기 전에
발로 붙잡고 있던 먹이를
부리로 옮겨 물어요.
참새 같은 큰 먹이는
암컷이 잘게 찢어 새끼한테 먹여요.

어린 참새는
머리와 닿는 부리 끝이
노란색이에요.
'짹짹짹짹' 어미를 닮아
벌써부터 수다쟁이지요.

참새 어린새

어미새와 견주면
깃털 색이 더 옅어요.
어린 곤줄박이는 언제 다 자라서
어미새처럼
색이 선명한 깃털을 갖게 될까요?

곤줄박이 어린새

둥지를 떠난 어린 호랑지빠귀는
아직 나는 게 서툰지 나를 보자마자
종종걸음으로 도망갔어요.

호랑지빠귀 어린새

어린 오색딱다구리는
머리 위쪽에 빨간 깃이 있고
가슴에 옅은 점이 있어요.
나무에 구멍을 뚫기에는
아직 부리가 작아 보여요.
줄무늬가 있어서
큰오색딱다구리로 잘못 알기도 해요.

오색딱다구리 어린새

어치 어린새

아직 날개가 다 자라지 않은 어린 어치가
둥지에서 떨어졌나 봐요.
고양이가 물어 갈까 봐 걱정이 됐어요.
잡아서 나무 위에 올려 줄까 하다가
어린 어치가 스스로 이겨 내면
좋을 거 같아 가만히 지켜보았지요.
때마침 어미새가 날아오더니
마치 응원이라도 하듯이 꽥꽥대요.
그러자 어린 어치도 힘을 냈는지,
풀쩍 뛰어올라 어미가 기다리는
나뭇가지로 날아갔어요.

여름에 만난 새

# 새와 벌레들의 숨바꼭질

여름이 깊어진 뒷산에서는 한바탕 숨바꼭질이 벌어져요.
새들은 술래를 하고 벌레들은 꼭꼭 숨지요.
곳곳에 꼼지락거리는 벌레들은
새끼한테 먹이기 딱 좋은 먹잇감이에요.
벌레들이 뒷산 어디에 숨어 있을까요?

잎말이나방류 애벌레가
국수나무 잎을 돌돌 말고
그 안에 숨어서
잎을 갉아 먹어요.

**잎말이나방류 애벌레**

지난가을에 떨어진
도토리깍정이 속에
무늬독나방 애벌레가
숨어 있어요.

**무늬독나방 애벌레**

흰무늬박이뒷날개나방은
날개 무늬가 나무껍질과
꼭 닮아서
진짜 찾기 힘들어요.

자벌레는
몸을 꼿꼿하게 세우고
나뭇가지인 척하고 있어요.

넉점물결애기자나방이
참나무 잎에 떨어진 새똥처럼
납작 엎드려 있어요.

**흰무늬박이뒷날개나방**

**자벌레**

**넉점물결애기자나방**

여름에 만난 새

뒷산에 사는 새들은 꼭꼭 숨어 있는 벌레들을 잘도 찾아내요.

새호리기

새호리기는 잠자리를 잡았어요.
배가 고팠는지
하늘을 날며 발로 잡고 뜯어 먹어요.

파랑새가 하늘을 날면서
날벌레를 잡았어요.
저렇게 조그만 벌레를
몇 마리나 먹어야 배가 부를까요?

파랑새

오색딱다구리

오색딱다구리가
거미줄에 걸린 곤충을
날름날름 먹어 치워요.
열심히 거미줄을 친 거미는
얼마나 약이 오를까요?
오색딱다구리는 거미줄이 무슨
먹이 자판기인 줄 아나 봐요.

쇠박새가 돌돌 말린
아까시나무 잎에서
작은 벌레를 찾았어요.

쇠박새

꾀꼬리가 잡은 나방을 부리로 물더니
날개는 다 떼고 몸통만 먹어요.
나방은 솔부엉이나 소쩍새를 비롯해
많은 새들이 좋아하는 먹이예요.

꾀꼬리

# 더불어 살아가는 뒷산 생명들

풀과 나무는 새들한테 둥지 틀 자리와 열매를 내줘요.
새들은 풀과 나무를 갉아 먹는 벌레를 잡아먹고, 씨앗을 퍼뜨려 주지요.
또 새들이 죽으면 풀과 나무, 벌레한테 좋은 양분이 돼요.
뒷산에서는 풀과 나무, 벌레와 새들이 서로 조화롭게 어울려 살아가요.

참나무 도토리에 구멍을 뚫고
알을 낳다가 들켰어요.

**도토리거위벌레**

**참나무갈고리나방**

낙엽인 척 가만히 있었으면
안 들켰을 텐데…….

먹보 직박구리는
벌레들을 잘 찾아 먹어요.

**왕거위벌레**

**직박구리**

참나무 잎에 알을 낳고
잎을 돌돌 말던 왕거위벌레도

개암나무 잎에
앉아 있던 붉은산꽃하늘소도

**붉은산꽃하늘소**

닭의장풀 잎에서 다른 벌레를
잡아먹던 등검정쌍살벌도
직박구리한테
먹혀 버렸어요.

**등검정쌍살벌**

**박새**

**뱀허물쌍살벌**

박새가 졸참나무 잎에 달린
뱀허물쌍살벌 집에서
애벌레를 꺼내 먹고 있어요.

박새가 날아가자마자 뱀허물쌍살벌이
날아와서 집을 고치고 있어요.
며칠 뒤에 다시 갔는데
벌집이 또 작아졌어요.
그 뒤에 박새가 또 왔었나 봐요.

푸르던 나뭇잎들이 빨간 옷, 노란 옷으로 갈아입고
나무한테 작별 인사를 해요.
뒷산에서 나고 자란 새들도 남쪽으로 떠날 준비를 하지요.
여름 철새들이 떠나고 나면 뒷산이 너무 쓸쓸하지 않을까요?

가을에
만난 새

# 나는 연습을 하는 어린 새호리기

태풍에 부러진 아까시나무 가지에서 어린 새호리기를 만났어요.
어린 새호리기는 뒷산에서 가장 늦게 태어난 막내예요.
가을이 왔는데 아직도 나는 게 서투르지요.
어미 새호리기는 어린 새호리기한테 어떻게 나는 연습을 시킬까요?

어린 새호리기가 누구를 기다리는 듯
나뭇가지에 우두커니 앉아 있어요.

**새호리기 어린새**

얼마 안 있어 어미새가
잠자리 한 마리를 물고는
어린 새호리기한테 날아왔어요.

그런데 어미새가 잠자리를 물고 가만히 있어요.
배고픈 어린새는
날개를 푸드덕거리며 안달이 났어요.

어린새가 다가가니까
어미새는 훌쩍 날아서
높은 나뭇가지로 옮겨 가요.
먹이로 새끼를 꾀는 것 같았어요.

어린새가 날개를 푸드덕거리며
어미새한테 다가가니까 그제야 잠자리를
새끼한테 주었어요. 어미가 어린새한테
나는 법을 가르치려는 건가 봐요.

며칠 뒤에 '끼끼끼끼' 하는 요란한 소리를 내며
날아가는 새호리기를 봤어요.
어미새 뒤를 바짝 따라가며 날고 있는 어린 새호리기였어요.
어린 새호리기가 어미가 되면 새끼한테
또 그렇게 나는 법을 가르치겠지요?

# 가을철 다시 만난 새들

이맘때면 겨울을 나기 위해 남쪽으로 날아가다
뒷산에 잠시 들르는 새들을 만날 수 있어요.
지난봄에 만났던 낯익은 새들도 보이는데 모습이 조금씩 달라 보여요.
올해 태어난 어린새들인가 봐요.
어미를 따라 먼 거리를 여행하는 어린새들이 정말 대견해요.

봄에 보았던 꼬까직박구리예요.
머리에 있는 파란 깃이랑
깃털 색이 더욱 뚜렷해 보여요.

**꼬까직박구리 수컷**

아직 덜 자라서
머리에 있는 파란 깃도 뚜렷하지 않고,
깃털 색도 옅어요.
다음해 봄에는 깃 색깔이
더 뚜렷해지겠지요?

**꼬까직박구리 어린새**

새들은 깃갈이를 하는데,
완전한 어른 새가 되기 전에는 암수 구분이 어려운 새들도 있어요.

노랑딱새 수컷 어린새

노랑딱새 수컷

노랑딱새 수컷은 머리 위쪽 깃털 빛깔이
짙은 검은색이에요.
수컷과 비슷하게 생겼지만
깃털 색이 다른 새가 있어 암컷인 줄 알았는데,
어린 수컷이었어요.

노랑딱새 암컷은
눈썹선이 없어요.

노랑딱새 암컷

아직 어린새라
깃털 색이 말끔하지 않고
드문드문 흰색 점이 보여요.
그래도 획 날아서
날벌레를 잡는 솜씨만큼은
대단하던걸요.

**솔딱새 어린새**

얼굴만 보고는
큰유리새 암컷인 줄 알았는데
날개는 수컷처럼 파란색이에요.
아직 어린 수컷이라
옷을 덜 갈아입어서 그래요.
내년 봄이면 갈색 깃털이 빠지고,
아빠처럼 멋진 파란색 깃털을
갖게 될 거예요.

**큰유리새 수컷 어린새**

얼핏 보고는 쇠유리새 암컷인 줄 알았는데,
날갯죽지에 파란색 깃털이 보여요.
아직 덜 자란 수컷인가 봐요.

**쇠유리새 수컷 어린새**

칡때까치 어린새를
처음 만났어요.
얼룩덜룩한 무늬가
멋스러워요.

칡때까치 어린새

콩새 암컷

부리가 두툼해서
봄에 만났던 밀화부리 암컷인 줄
알았는데 콩새였어요.
단풍나무 씨앗을 먹으며
겨우내 뒷산에 머물렀어요.

가을에 만난 새   75

# 층층나무 열매를 좋아하는 새들

층층나무에 한바탕 잔치가 벌어졌어요.
직박구리, 멧비둘기, 물까치까지 많은 새들이 찾아왔어요.
올해 뒷산에서 태어난 어린새들이 많이 보여요.
청딱다구리, 오색딱다구리, 쇠딱다구리, 되지빠귀, 꾀꼬리 같은 새들이
조심스럽게 와서 열매를 먹고 가요.
솔딱새들과 흰눈썹황금새 같은 작은 새들은
덩치 큰 새들이 한눈파는 사이 얼른 날아와서 재빨리 한 알을 물고 가요.
층층나무는 애써 키운 맛있는 열매를 내주고,
새들은 그 보답으로 씨앗을 멀리 퍼뜨려 주지요.

**직박구리**

직박구리가 잘 익은 열매를
한입에 서너 개나 물고 있어요.
나중에 찾아올 다른 새들을 위해
좀 남겨 놓으면 좋을 텐데 말이에요.
직박구리는 정말 먹성이 좋아요.

꾀꼬리도 층층나무 열매를 좋아해요.
가슴에 난 점무늬를 보고
어린새인 걸 알아봤어요.

**꾀꼬리 어린새**

쇠딱다구리도
잘 익은 열매를 골라서
한입에 쏙 넣어요.
부리가 얇은 걸 보니
아직 덜 자란 어린새예요.

**쇠딱다구리 어린새**

어린 청딱다구리도
층층나무를 찾아왔어요.
딱딱한 나무에 구멍을 내서
힘들게 벌레를 잡는 것보다
열매를 똑똑 따 먹는 게
더 쉬워서일까요?

**청딱다구리 어린새**

가을에 만난 새

흰눈썹황금새 수컷

흰눈썹황금새가 어떤 열매를 고를까
고민하는 듯 고개를 갸웃거려요.
사람들이 잘 익은 수박을 고르려고
고민하는 모습이 떠올라 웃음이 났어요.

얼른 열매를 따서는
입에 물고 날아가요.

흰눈썹황금새 암컷

제비딱새는
일찍 뒷산에 온 덕분에
맛있는 층층나무 열매를
맛볼 수 있었어요.

제비딱새

쇠솔딱새가 잘 익은 열매를 하나 골라냈어요.
안전한 곳으로 가져가서 맛있게 꿀꺽 먹네요.
남쪽 나라까지 가는 길에
뒷산에 들르길 잘했다고 생각했을 거예요.

쇠솔딱새

가을에 만난 새

# 색색깔 열매가 익어 가는 뒷산

뒷산 여기저기서 여러 빛깔 열매들이 익어 가요.
늦여름부터 익기 시작한 버찌와 층층나무 열매는
직박구리가 벌써 엄청 먹어 버렸어요.
파랗게 잘 익은 노린재나무와 누리장나무 열매,
까맣게 익어 가는 쥐똥나무 열매는 누가 먹을까요?

열매가 빨갛게 익은 찔레나무에
딱새 암컷이 앉아 있어요.
찔레나무 열매는 겨우내 남아 있지요.
지빠귀들도 좋아해요.

딱새 암컷

찔레나무 열매

열매 앞에 하루 종일 지키고 있으면 누가 먹나 볼 수 있을 텐데
꼭 내가 안 볼 때만 와서 먹나 봐요. 새가 열매를 먹는 장면을
본 건 정말 운이 좋은 거였어요. 내가 본 새만 그 열매를 먹는 것도 아닐 것 같아요.
조급해하지 않고 조금씩 알아 가면 되겠죠?

벚나무 열매

누리장나무 열매

빨간 꽃받침이 벌어지면
파랗게 익은 열매가 드러나요.
가을에 지나던 노랑딱새가
한 알을 따서 물고
휙 날아가는 장면을 딱 한 번 봤어요.

버찌가 빨갛게 익었어요.
버찌는 되지빠귀와 꾀꼬리가 좋아하는 열매예요.

노린재나무 열매

쥐똥나무 열매

누린재나무 열매는 파란색이라
새들이 별로 안 좋아할 거라고 생각했는데,
뒷산에 들른 노란딱새들이
며칠 만에 모두 먹어 버렸어요.

검은색 쥐똥나무 열매는
직박구리가 맛있게 먹어요.

고욤나무 열매

감을 좋아하는 청딱다구리는
고욤도 좋아해요.
고욤을 바라보며
'이젠 맛있게 익었으려나?'
살피는 것 같아요.

리기다소나무 솔방울

쇠박새

쇠박새가
리기다소나무 솔방울에서
씨앗을 쏙쏙 빼 먹고 있어요.

청딱다구리

미국자리공 열매

딱새

멧비둘기가 엄청 좋아하는
미국자리공 열매를
딱새가 따 먹고 있어요.
천연 살충제를 만들 만큼
독이 있다는데,
딱새는 먹어도 괜찮은 걸까요?

곤줄박이는
주렁주렁 달린
때죽나무 열매를
먹으러 왔어요.

때죽나무 열매

곤줄박이

아직 다른 새가 때죽나무 열매를
먹는 걸 보지는 못했어요.
다른 새와 경쟁할 필요가 없기 때문인지
때죽나무 열매를 따는 곤줄박이가
느긋해 보여요.

잠깐 지켜보는 동안
곤줄박이가 열매를 대여섯 개나 가져가요.
두 발로 열매를 잡고 탁 탁 쪼아서
껍질을 벗겨 내고 먹지요.
곤줄박이가 때죽나무 열매를
쪼는 소리는 꼭 딱다구리가
나무를 쪼는 소리를 닮았어요.

# 다가올 겨울을 준비하는 새들

뒷산에 사는 새들은 남은 열매와 씨앗을 따 먹느라 바빠요.
잎을 거의 다 떨어뜨린 숲은 슬슬 속살을 드러내지요.
그동안 나뭇잎에 가려 눈에 잘 안 띄던 새들 모습이 더 잘 보여요.
새들은 남은 가을을 어떻게 보내고 있을까요?

한곳에서 오래 머물지 않고
계속 옮겨 다니며 먹어요.

검은머리방울새

물오리나무 열매

검은머리방울새가 물오리나무 열매를 먹으러 왔어요.
뾰족한 부리는 작은 물오리나무 열매 껍질 사이로
씨앗을 빼 먹기 좋아요.

검은머리방울새 수컷

검은머리방울새 수컷은
몸 색이 진한 노란색이고
머리는 까매요.

검은머리방울새 암컷은
깃털이랑 머리에 있는
검은 무늬 빛깔이
수컷보다 옅어요.

검은머리방울새 암컷

가을에 만난 새

남쪽을 향해 날아가던 말똥가리가
뒷산을 흘끔 보고 지나가요.
먼 북쪽에서 여기까지 오느라 힘들었을 텐데
좀 쉬었다 가지 바쁘게 날아가네요.

말똥가리

어치

높은 참나무 위에 앉은 어치가
도토리 하나를 물고는
잠깐 망설이고 있어요.
바로 먹을까, 겨울에 먹게 숨겨 놓을까
고민하는 걸까요?

양진이 암컷이 말라 버린
이고들빼기 씨앗을 먹고 있어요.
붉은 허리가 꼭 붉게 물든
단풍잎 같아요.

이고들빼기 씨앗

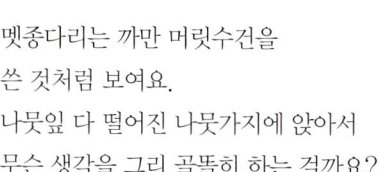

양진이

멧종다리는 까만 머릿수건을
쓴 것처럼 보여요.
나뭇잎 다 떨어진 나뭇가지에 앉아서
무슨 생각을 그리 골똘히 하는 걸까요?

멧종다리

가을에 만난 새　87

추운 겨울이에요. 하늘은 파랗고 땅은 하얀 눈으로 덮여 있어요.
잎을 모두 떨어 내 가지만 남은 나무는 한 그루 한 그루가 잘 보여요.
나무 열매도, 풀벌레도 없는 겨울 동안 새들은 무얼 먹으며 겨울을 날까요?
찬 바람 부는 추운 겨울에도 숲은 새들을 위해 선물을 남겨 놓았어요.

# 겨울에 만난 새

# 친구가 되어 준 고마운 박새

박새는 우리 둘레에서 흔하게 볼 수 있는 텃새예요.
하지만 나는 서른 살이 다 되도록 박새를 본 적도 없었을 뿐더러
이름을 들어 본 기억도 없었어요.
그런데 '박새'라는 이름을 알고 실제 모습을 한번 보고 나니
여기저기서 정말 쉽게 볼 수 있었어요.
오히려 그동안 한 번도 본 적 없다는 것이 더 놀라울 정도였지요.
사실은 내가 박새를 본 적이 없는 게 아니라
박새를 보고도 기억하지 못한 것이라는 걸 깨달았어요.
이름도 몰랐고 관심도 없었으니까요.
박새는 내 가까운 곳에서 함께 살아가는 동물과 식물의 이름을
알고 싶도록 만들어 준 고마운 친구랍니다.

박새가 낙엽 속에서 무언가를 찾아요.
겨울잠을 자는 벌레나 도토리 속에 숨어 있는 애벌레를 찾으면 아주 좋지요.
나뭇잎을 한참 뒤지던 박새가 작은 씨앗을 하나 찾았어요.
아쉬운 대로 맛있게 먹어요.

박새

박새는 얇은 날개로
바람을 밀어내며 날아올라요.

박새가 나방을 잡았어요.
먹이를 문 박새 기분이
좋아 보여요.

잡은 나방을 두 발로 꼭 잡고
부리로 콕콕 쪼아서 먹어요.
언뜻 보면 꾸벅꾸벅
인사를 하는 것 같아요.

박새 암컷은
목에서 내려온 검은 깃털이
배까지 내려오다
점점 얇아져요.

**박새 암컷**

박새 수컷은 검은 깃털이
목에서부터 배까지
굵게 이어져 있어요.
꼭 넥타이를 맨 것처럼 보여요.

**박새 수컷**

쇠박새는 부리 아래 검은 깃이 있어서
꼭 턱수염이 난 것처럼 보여요.
두 발로 나뭇가지를 꽉 잡고 있으면
센바람이 불어와도 걱정 없지요.

**쇠박새**

박새과 새 가운데 가장 작아요.
머리깃이 살짝 삐쳐 있어 귀여워요.

진박새

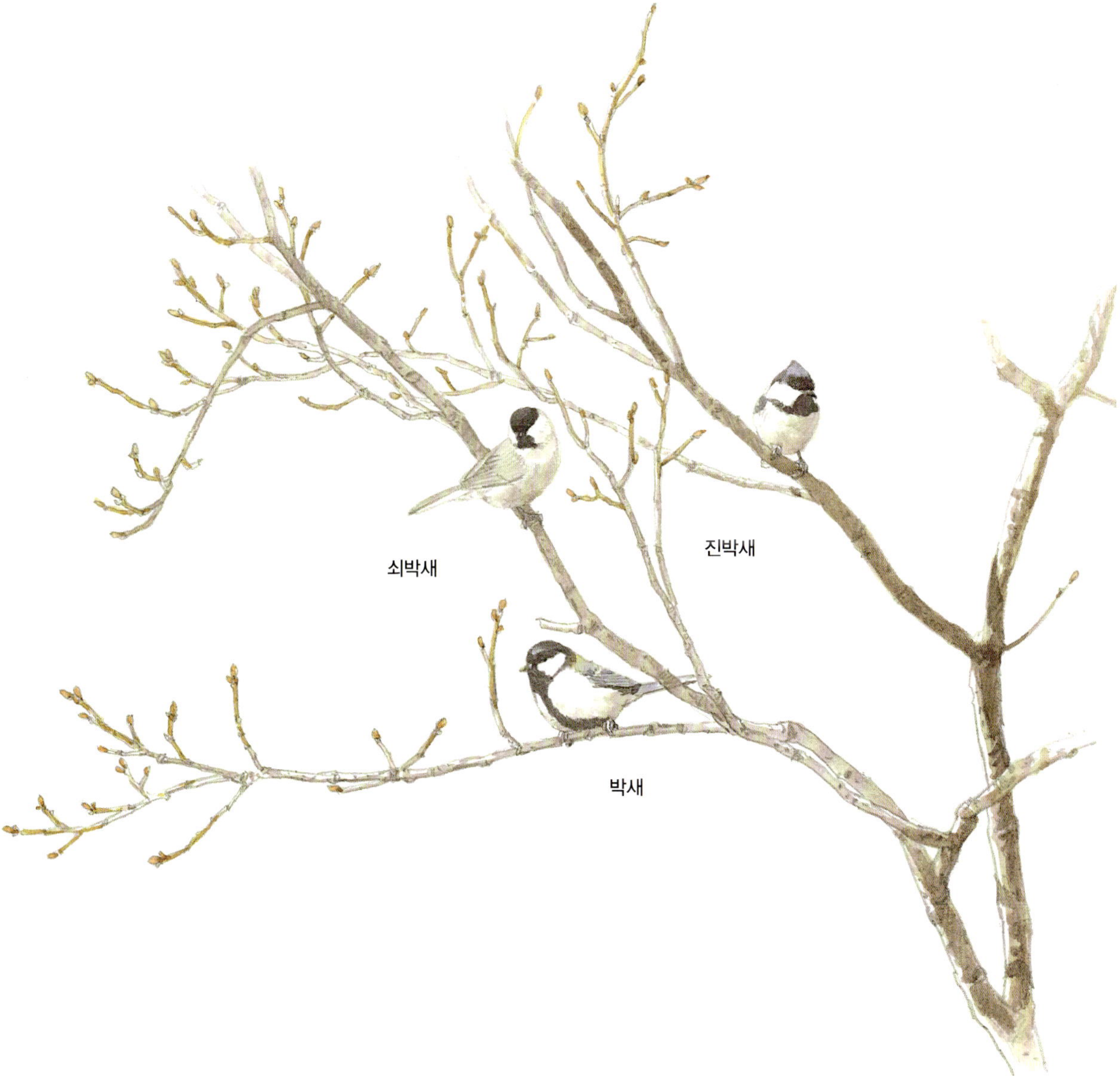

쇠박새

진박새

박새

오색딱다구리

딱다구리 구멍

쇠딱다구리

나무 틈새에서
먹이를 찾고 있어요.

노랑턱멧새

하얀 눈 위에
나무 조각들이 흩어져 있어요.
어떤 딱다구리가 그랬을까요?

**뱀허물쌍살벌 집**

# 새들이 겨울나무에 남긴 흔적

겨울나무들을 가만히 들여다보면,
겨울이 올 때까지 숲에서 다양한 생명들이
어떻게 살았는지 짐작해 볼 수 있어요.

참나무 위에는 지빠귀가 쓰고 난 둥지가 보여요.
가을까지는 키 작은 나무들이 나뭇잎으로 가려 주던 곳이에요.
물오리나무 넓은 잎이 가려 주었던 아까시나무 구멍에서는 누가 살았을까요?
오색딱다구리 새끼들이 어미새가 물어다 주는 먹이를 먹으며
무럭무럭 자랐을 거예요.

# 겨울철 새들의 소중한 먹이, 열매

새들은 겨울까지 남아 있는 나무 열매를 먹어요.
빨갛게 익은 열매가 잔뜩 달린 팥배나무에 누가 찾아왔을까요?
팥배 열매를 가장 좋아하는 새는 직박구리예요.
직박구리 말고도, 어떤 새들이 팥배 열매를 먹으러 왔는지 한번 볼까요?

쇠박새

직박구리

직박구리가 잠시 자리를 비우자마자
쇠박새가 얼른 날아왔어요.
한쪽 발로 열매 꼬투리를 야무지게 잡고
열매를 먹고 있어요.

직박구리가 입을 크게 벌리고
열매를 먹고 있어요.
입속이 붉은 건 팥배 열매를
많이 먹어서일까요?

열매를 많이 먹더니 금세 소화가 됐나 봐요.
꼬리를 살짝 들고는 퐁!
팥배나무 씨앗이 담긴 주황색 똥이 떨어졌어요.

개똥지빠귀 암컷

팥배나무 둘레를 돌며
직박구리 눈치를 살피던
개똥지빠귀도 얼른 날아와서
열매 하나를 먹고 가요.

까치

힘센 직박구리도
까치가 날아오면
슬그머니 자리를 비켜 주지요.

팥배나무 열매

겨울에 만난 새

앙상하게 가지만 남은 겨울나무에 새들이 자꾸 날아와요.
아직도 먹을 게 남아 있는 걸까요?
자세히 들여다보니
줄기마다 열매가 몇 개씩 달려 있어요.
겨울까지 남은 열매들은
뒷산이 새들한테 주는 선물이에요.

**직박구리**

직박구리가 제자리에서 날갯짓을 하며
좀작살나무 열매를 따 먹고 있어요.
땅콩을 던져 먹듯 작은 보라색 열매를
휙 던져서 입안에 넣어요.

**박새**

**찔레 열매**

박새는 빨간 찔레 열매를 따서
두 발로 잡고 콕콕 쪼아 먹어요.
뾰족한 찔레 가시에 찔릴까 봐
조마조마하네요.

진달래 열매

멋쟁이

멋쟁이는 앙증맞은 작은 부리로
진달래 열매를 맛있게 먹어요.
나뭇가지 위에 올라앉아서도 먹고,
거꾸로 매달려서도 먹지요.

쇠박새

청미래덩굴 열매

빨간 청미래덩굴 열매를
쇠박새가 먹고 있어요.
작은 부리로 열심히 쪼아 먹는데
열매가 커서 그런지
다 먹을 때까지 한참 걸려요.
한 알만 먹어도 배부를 것 같아요.

겨울에 만난 새

# 새들의 먹이 창고

곤줄박이, 어치, 동고비, 물까치, 쇠박새 같은 새들은
겨울을 위해 뒷산 여기저기 먹이를 저장해요.
누군가 열심히 숨겨 둔 열매를 운 좋게 다른 새가 찾아 먹기도 하지요.
새들이 숨겨 두고 찾아 먹지 않은 열매들은
봄에 싹을 틔우고 다시 많은 열매를 맺는 나무가 되기도 해요.
정말 새들이 잊어버린 건지 아니면 일부러
농사짓듯 내버려 둔 것인지 새들에게 물어보고 싶어요.

어치가 나무 구멍에 부리를 넣고 뭔가 찾아요.
구멍에서 꺼낸 어치의 부리엔
껍질을 깐 도토리 한 알이
물려 있어요.

어치

곤줄박이가 낙엽 더미에 머리를 박고
뭘 찾고 있는 걸까요?

와! 숨겨 놓은
때죽나무 열매를 찾아냈어요.

두 발로 열매를 꼭 쥐고
부리로 콕콕 찍어서 맛있게 먹어요.

곤줄박이

# 겨울나는 곤충과 새

열매들이 다 없어지면 새들은 무얼 먹고 살까요?
숲을 샅샅이 뒤지던 새들은
겨울잠 자는 벌레들도 용케 찾아내요.
아무것도 모르고 곤히 자던 벌레들은
꼼짝없이 당하고 맙니다.

청딱다구리는 나무 구멍에
긴 혀를 집어넣어서 낚시를 해요.
이번에 낚아 올린 건
겨울잠 자던 쌍살벌이에요.

**청딱다구리**

**큰오색딱다구리**

머리를 뒤로 젖혔다가 힘껏 내리찍어요.
부리가 튼튼해서 웬만큼 세게 내리찍어도 거뜬해요.
부리가 나무에 닿을 때는 눈을 질끈 감아요.
나뭇조각이 튀어서 눈이 다칠까 봐 그러기도 하고
뇌에 전달되는 충격을 감소시키는 역할도 한다니
딱다구리들은 참 똑똑해요.

**쇠박새**

쇠박새가 나뭇가지에 난 벌레혹에서
먹잇감을 찾고 있어요.

**동고비**

동고비는 나무에 거꾸로
매달려 먹이를 찾아요.
쇠딱다구리 같은 다른 새들이
놓친 먹이를 찾아낼 수 있어요.

상모솔새가
돌돌 말린 나뭇잎 속에서
작은 거미를 찾아냈어요.

**상모솔새**

**나무발발이**

나무발발이는 이름처럼
발발거리며 나무를 올라가요.
깃털 무늬가 나무껍질과
닮아서 눈에 잘 안 띄어요.
휘어진 부리는 꼭 핀셋 같아서
좁은 나무 틈에서 벌레를 잡기에 딱 좋아요.

겨울에 만난 새

# 새와 먹이대

추운 겨울 새들은 먹이를 더 잘 먹어야 하지만,
벌레들은 보이지 않고 열매도 다 떨어졌어요.
새들이 살아가야 할 공간은 사람들이 조금씩 차지해 버리고
산에서 열리는 열매들도 사람들이 가져가 버려서
새들이 먹을 먹이가 부족해요.
그래서 배고픈 새들을 위해서 집 창문 밖에 먹이대를 만들었어요.
처음엔 아무도 찾아오지 않다가 직박구리가 다녀간 다음부터
소문이 났는지 다양한 새들이 찾아오기 시작했어요.
창문 밖 먹이대에는 어떤 새들이 찾아올까요?

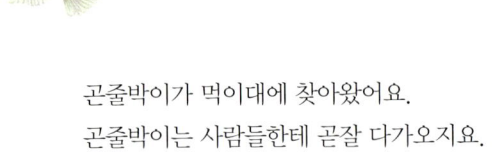

곤줄박이가 먹이대에 찾아왔어요.
곤줄박이는 사람들한테 곧잘 다가오지요.
땅콩을 좋아해서 손바닥에 올려놓고 기다리면
날름 물고 날아가요.

곤줄박이

어느 날 곤줄박이 한 마리가
창문을 콩콩 두드렸어요.
혹시나 해서 땅콩 하나를 내밀자
손에 올라와 땅콩을 물고 갔어요.
그 뒤로 그 곤줄박이를 뻔뻔이라고 불렀죠.
뻔뻔이 때문에 겨우내
땅콩을 꼭 채워 놓았어요.

박새 같은 작은 새부터 멧비둘기 같은 큰 새까지
먹이대에 여러 새들이 찾아왔어요.
새들이 춥고 배고픈 겨울을 나는 데 조금이라도 도움을 준 걸까요?
서로 싸우지 않고 사이좋게 나누어 먹으면 좋을 텐데,
오고 싶어도 겁을 먹고 오지 못하는 새가 있을까 봐 마음이 쓰여요.

박새는 조심성이 많아요.
얼른 날아와서 해바라기씨를
입에 물고 휙 날아가곤 하지요.
그런데 어느 날은
덩치 큰 곤줄박이한테
대드는 거예요.

박새

곤줄박이

결국은 곤줄박이한테 쫓겨났지만,
용기를 낸 박새가
멋져 보였어요.

동고비

사이좋게 나눠 먹으라고
먹이를 넉넉히 주었는데
동고비는 욕심이 나나 봐요.
다른 새들이 가까이 오니까
버럭 화를 내요.

먹이를 저장하는 쇠박새는
조그만 부리로 해바라기 씨를
서너 개씩 물고 날아가요.
먹이 창고에다 얼마나 많은
씨앗들을 차곡차곡 모아 놨을까요?

쇠박새

진박새

진박새는 들깨를 먹으러 왔어요.
조그만 들깨라도 한입에 홀딱 먹지 않고
하나하나 껍질을 까서 먹어요.
저녁에 보면 들깨 껍질만 수북이 남아 있어요.

앗, 누가 똥을 싸고 갔네요.
씨앗이 콕콕 박혀 있는 모양을 보니까
직박구리 똥이에요.

직박구리 똥

겨울에 만난 새

철컹! 이게 무슨 소리지요?
딱따구리가 날아와서
방충망에 앉는 소리예요.

오색딱따구리 수컷

청딱따구리 수컷

먹성 좋은 멧비둘기는
먹이대에 있는 먹이를
혼자 다 먹어 버리기도 해요.
작은 새들은 멧비둘기가 오면
먹이대에 가까이 오지도 못해요.

멧비둘기

먹이대에 오지 않는 새들도 있어요.
마음에 드는 먹이가 없었던 걸까요?
어떤 새들은 오지 않는 게 다행이라는 생각도 들지만,
다들 무얼 먹고 지내는지 걱정이 되기도 해요.

붉은머리오목눈이

붉은머리오목눈이는
'쇠쇠쇠쇠' 바람 소리를 내며
동무들끼리 우루루 몰려다녀요.
동무들이랑 수다를 떠느라
먹이대 소문을 듣지 못한 걸까요?

장끼

꿩은 안 오는 게
오히려 좋을지도 몰라요.
덩치가 커서 먹이대에 앉으면
먹이대가 부서질지도 모르거든요.

멀찌감치 있는 높은 나뭇가지에
올라앉은 새매를 보았어요.
망원경으로 살펴보니
노란 눈이 아주 매서워요.
왜 먹이대에 온 작은 새들이
늘 경계를 하고
재빨리 먹이를 먹고 가는지
그제야 이해가 되었어요.

새매 암컷

**때까치 암컷**

때까치가 먹이대에 오지 않는 건
정말 다행스러운 일이에요.
먹이대로 찾아오는
다른 새들을 잡아서
나뭇가지에 꽂아 놓을지도
모르니까요.

오랜 시간 새들을 관찰하며 알게 된 건 새들마다
나름의 삶의 방식이 있다는 거예요.
새들과 만남이 잦아질수록 사람의 기준으로 판단하기보다는
그대로 인정하고 이해하려고 노력하게 됐어요.
나무와 풀, 곤충들이 몸을 움츠리고 봄을 기다리는 겨울 동안에도
새들은 부지런히 날아다니며 숲에 생명을 불어넣어요.

이제 책의 마지막 장을 덮고 나면
밖으로 나가 새들을 만나 보세요.
새들과 눈 맞추고 나직이 이름을 불러 주면 새들이 다가와
자기들만의 재미난 이야기를 들려줄지도 모르니까요.

새와 좀 더 가까워지기

# 새를 관찰할 때 무엇에 주의해야 할까요?

### 관찰은 '멈추는 것'부터 시작해 보세요

새가 가까이에서 큰 소리를 내며 나무를 쪼거나 아름답게 노래하고 있어도 친구와 떠들거나 빠른 걸음으로 걸으면 아무것도 들리지 않아요.

관찰의 시작은 멈추는 것부터 시작됩니다. 소리 내는 것도 빠르게 움직이는 것도 가만히 멈춰 보세요. 생각보다 가까운 곳에서 새들이 말을 걸어 줄 겁니다.

### '임계거리'를 지켜요

시각과 청각이 사람보다 훨씬 뛰어난 새들은 보통 사람들이 접근하는 것을 먼저 알아채요. 하지만 새들이 날려면 많은 에너지가 필요하기 때문에 사람이 다가올 때마다 먼저 달아날 수는 없어요. 그래서 새들은 사람이 일정한 거리 안으로 접근하기 전까지는 조심하며 지켜보지요.

그렇게 새들이 달아나기 위해 필요한 거리를 '도주거리' 또는 '임계거리'라고 합니다. 두루미나 기러기처럼 크기가 큰 새들은 날아오르기 위해 더 많은 시간과 에너지가 필요하기 때문에 임계거리도 작은 새들보다 더 길어요. 그럼 새마다 다른 임계거리를 어떻게 알 수 있을까요?

새들이 먹이를 먹거나 쉬던 행동을 갑자기 멈추면 그게 바로 새들이 보내는 1차 경고예요. 그때 더 다가가면 새들은 날아가고 말지요. 그러니 새들이 1차 경고를 보내면 그 자리에서 더 가까이 다가가지 말고 조심해서 관찰하도록 해요.

## 둥지는 모른 척해요

딱다구리처럼 나무에 구멍을 뚫고 둥지를 만드는 새들은 아주 신중하게 둥지로 쓸 나무를 골라요. 볕이 드는 방향도 살피고 비가 내릴 때 둥지 안으로 빗물이 들이치지 않을지, 천적들에게 잘 들키지 않을 곳인지, 먹이를 구할 수 있는 곳과 가까운지 세심하게 살피지요.

그렇게 신중하게 결정한 나무에다 얼른 둥지를 만들어야 하는데 사람에게 둥지를 들키게 되면 그 둥지를 포기하고 나무를 고르는 것부터 다시 해야 해요.

가끔은 어미새가 둥지에서 알을 낳고 품고 있다가 어쩔 수 없이 알까지 포기하는 경우도 있어요. '어미가 없을 때 조심해서 몰래 보면 괜찮겠지' 하고 생각할지 모르겠지만, 사람이 둥지를 자주 들여다보면 새들의 둥지를 노리는 큰 새나 뱀 같은 천적이 둥지의 위치를 알게 될 확률이 높아요. 그래서 탐조 문화가 발달한 나라에서는 아예 둥지를 촬영한 사진은 공개하지 못하게 하는 곳도 있다고 합니다.

둥지를 관찰하는 일은 매우 조심스럽게 진행해야 하기 때문에, 꼭 필요한 경우에 전문가들이 관찰한 다음 다른 사람들과 공유해 주는 게 좋다고 생각해요. 준비가 안 된 상태에서 운 좋게 둥지를 발견했다면 그냥 모른 척해 주세요.

### 새끼를 유괴하면 안 돼요

봄이 되면 종종 새끼새를 구조했다며 야생동물 구조센터 같은 곳으로 데려오는 사람들이 있다고 합니다. 그런데 실은 구조가 아니라 '유괴'인 경우가 많다고 해요.

봄에 태어난 새끼새들이 날 수 있을 즈음이면 둥지를 떠나는데 그걸 '이소'라고 해요. 어미새들은 이소한 뒤에도 먹이를 잡아 새끼들을 돌보며 자연에서 살아가는 법을 가르치지요. 그런데 가끔 나는 게 서툰 새끼새가 땅바닥에 떨어지거나 풀숲에 숨어 있다가 사람들의 눈에 띄는 경우가 있어요. 그때 사람들이 새끼를 데리고 가 버리면 어미새 입장에서 '유괴'가 되는 거예요.

물론 아직 날지 못하는 새끼새가 안쓰럽고 천적에게 잡아먹힐까 봐 걱정되는 마음은 이해가 됩니다. 그럴 때는 조금 떨어진 곳에서 어미새가 오는지 지켜보거나 오래 머물 수 없다면 조금 높은 나뭇가지에 올려 주는 게 가장 좋아요.

새끼새가 어려움을 이겨 내고 스스로 자연에서 살아갈 수 있도록 응원하는 마음으로 지켜봐 주세요.

### 쉽게 단정하지 않는 게 좋아요

우리가 관찰하는 어떤 종의 새는 그 종의 보편적 특성을 가지고 있지만, 자라온 환경이나 경험의 차이가 있는 각각의 개체입니다. 이를테면 사람은 인간이라는 한 종의 특성이 공통으로 있지만, 사람마다 성격이 다르잖아요.

새도 마찬가지입니다. 그러니 내가 어떤 한 종의 새를 관찰하고 그 새의 생태적 특징을 알았다고 해서 그 종에 속하는 모든 새들이 다 똑같이 행동할 것이라고 단정하지 않는 게 좋습니다.

### 새들이 선택한 생존 방식을 인정해 주세요

새들은 오랜 시간을 통해 자기들에게 적합한 삶의 방식을 선택해 왔어요. 그런데 그런 새들의 행동이 사람들의 도덕적 기준에는 맞지 않는 경우가 있어요.

이를테면 뻐꾸기처럼 탁란을 하는 새들이 모성이 없거나 비윤리적이라고 비난하는 경우입니다. 그건 마치 다른 나라의 전통문화를 자기 나라 사람들의 기준으로 평가하는 것과 같아요. 어떤 나라에선 음식을 먹을 때 숟가락을 쓰기도 하고 젓가락을 쓰기도 하고 맨손으로 먹기도 하잖아요. 옷 입는 법도 인사법도 다 다르고요.

오랜 시간 다른 환경에서 다른 방식으로 살아온 생명들의 생존 방식을 그대로 존중하는 태도가 꼭 필요해요.

### 불필요하게 벌어지는 새들의 죽음을 막는 일에 함께해요

새들의 수가 줄어드는 큰 까닭 가운데 하나가 날아가다가 유리창으로 된 인공 구조물에 부딪혀 죽기 때문이라고 합니다. 유리창이 너무 투명해서 있는 줄 모르거나 거울처럼 숲이나 하늘을 반사하기 때문에 그대로 날아가다가 세게 부딪혀 죽는다는 거예요.

유리로 된 큰 건물이나 자동차 도로와 건물 사이에 높게 세워진 투명한 방음벽이 특히 심각하지만, 숲 둘레에 지어진 건물의 작은 유리창이나 길가에 세워져 있는 버스 정류장 유리도 새들에게 위험하기는 마찬가지입니다.

많은 시민들이 자발적으로 참여해서 조사를 했더니, 요사이 우리나라에서도 한 해 동안 8백만 마리가 넘는 새들이 유리창 구조물에 부딪혀 죽는 것으로 추정되는 결과가 나왔다고 해요.

사는 곳 둘레에서 유리창 구조물 아래 새들이 죽어 있는 모습을 발견했나요?

그럼 스마트폰으로 '네이처링' 앱을 설치하세요. 그리고 네이처링의 '유리창 충돌방지 미션'에 사진을 찍어 올리면 됩니다.

새들의 충돌이 자주 발생하는 곳이 있다면, 구청이나 관계기관에 유리창 충돌 방지 장치를 설치해 줄 것을 요청하면 됩니다. 만약 현재 살고 있는 건물에서 새들의 충돌을 발견한다면 유리창에 세로 5센티미터×가로 10센티미터 간격으로 점을 찍거나 줄을 늘어뜨리는 간단한 방법으로도 불필요하게 벌어지는 새들의 죽음을 막을 수 있습니다.

## 가나다로 새 이름 찾아보기

### 가

**개똥지빠귀** 97
참새목 지빠귀과
먹이 벌레, 지렁이, 팥배나무 열매
분포 우리나라, 중국, 일본, 대만, 러시아
구분 겨울 철새

**검은머리방울새** 84~85
참새목 되새과
먹이 물오리나무 씨앗
분포 우리나라, 중국, 일본, 대만, 유럽
구분 겨울 철새

**곤줄박이** 13, 60, 83, 101, 104~106
참새목 박새과
먹이 벌레, 씨앗(개암, 때죽나무, 쪽동백나무)
분포 우리나라, 일본, 중국, 러시아
구분 텃새

**까치** 13, 20~21, 26, 97
참새목 까마귀과
먹이 벌레, 나무 열매 등 잡식성
분포 우리나라, 중국, 타이완, 일본, 유럽
구분 텃새

**꼬까울새** 11
참새목 솔딱새과
먹이 벌레, 줄사철나무 열매
분포 유럽, 시베리아, 이란, 아프리카
구분 길 잃은 새(미조)

**꼬까직박구리** 37, 72
참새목 솔딱새과
먹이 벌레
분포 우리나라, 중국, 동남아시아
구분 나그네새

**꼬까참새** 37
참새목 멧새과
먹이 벌레, 풀씨
분포 우리나라, 중국, 러시아, 동남아시아
구분 나그네새

**꾀꼬리** 45, 56, 65, 77
참새목 꾀꼬리과
먹이 벌레, 나무 열매(벚나무, 뽕나무, 층층나무)
분포 우리나라, 중국, 동남아시아
구분 여름 철새

**꿩** 109
닭목 꿩과
먹이 벌레, 풀씨, 곡식
분포 우리나라, 중국, 일본, 몽골, 유럽
구분 텃새

### 나

**나무발발이** 10, 103
참새목 나무발발이과
먹이 벌레(거미, 톡토기)
분포 우리나라, 중국, 일본, 러시아, 유럽
구분 겨울 철새

**노랑눈썹멧새** 36
참새목 멧새과
먹이 벌레, 풀씨
분포 우리나라, 중국, 러시아
구분 나그네새

**노랑눈썹솔새** 30
참새목 솔새과
먹이 벌레
분포 우리나라, 중국, 대만, 몽골, 러시아
구분 나그네새

**노랑딱새** 11, 73
참새목 딱새과
먹이 벌레, 나무 열매(노린재나무, 담쟁이덩굴)
분포 우리나라, 중국, 러시아, 동남아시아
구분 나그네새

**노랑턱멧새** 36, 94, 105
참새목 멧새과
먹이 벌레, 풀씨(닭의장풀, 서양등골나물)
분포 우리나라, 일본, 중국, 러시아
구분 텃새

**노랑허리솔새** 30
참새목 솔새과
먹이 벌레
분포 우리나라, 중국, 러시아, 서유럽
구분 나그네새

### 다

**동고비** 22, 103, 105~106
참새목 동고비과
먹이 벌레, 나무 열매, 씨앗

분포 우리나라, 중국, 일본, 러시아, 유럽
구분 텃새

**되솔새** 31
참새목 솔새과
먹이 벌레
분포 우리나라, 러시아, 일본, 동남아시아
구분 나그네새

**되지빠귀** 48
참새목 지빠귀과
먹이 벌레, 지렁이, 층층나무 열매
분포 우리나라, 중국, 일본, 동남아시아
구분 여름 철새

**딱새** 80, 105
참새목 솔딱새과
먹이 벌레, 나무 열매(미국자리공, 보리수, 화살나무)
분포 우리나라, 중국, 일본, 몽골, 러시아
구분 텃새

**때까치** 110
참새목 때까치과
먹이 벌레, 작은 새, 작은 들쥐, 양서 파충류
분포 우리나라, 중국, 일본
구분 텃새

## 마

**말똥가리** 86
수리목 수리과
먹이 설치류, 양서 파충류, 새
분포 우리나라, 중국, 일본, 몽골, 인도, 유럽
구분 겨울 철새

**멋쟁이** 99
참새목 되새과
먹이 벌레, 새순, 나무 열매(노박덩굴, 말발도리, 진달래)
분포 우리나라, 일본, 중국, 몽골, 러시아
구분 겨울 철새

**멧비둘기** 105, 108
비둘기목 비둘기과
먹이 곡식, 나무 열매(층층나무, 미국자리공)
분포 우리나라, 일본, 중국, 몽골
구분 텃새

**멧종다리** 87
참새목 바위종다리과
먹이 벌레, 풀씨
분포 우리나라, 중국
구분 겨울 철새

**밀화부리** 39
참새목 되새과
먹이 벌레, 씨앗(느릅나무, 자작나무)
분포 우리나라, 일본, 몽골, 중국
구분 나그네새, 여름 철새, 겨울 철새

## 바

**박새** 8, 13, 28, 57, 67, 90~93, 95, 98, 105~106
참새목 박새과
먹이 벌레, 씨앗, 나무 열매
분포 우리나라, 중국, 일본, 유럽, 러시아
구분 텃새

**붉은머리오목눈이** 22, 105, 109
참새목 붉은머리오목눈이과
먹이 벌레, 풀씨(강아지풀, 쇠무릎)
분포 우리나라, 중국, 동남아시아, 러시아
구분 텃새

**뻐꾸기** 49
두견이목 두견이과
먹이 벌레
분포 우리나라, 중국, 몽골, 러시아
구분 여름 철새

## 사

**산솔새** 31
참새목 솔새과
먹이 벌레
분포 우리나라, 중국, 일본, 동남아시아
구분 여름 철새

**소쩍새** 44
올빼미목 올빼미과
먹이 쥐, 벌레
분포 우리나라, 일본, 중국, 동남아시아, 인도, 아프리카
구분 여름 철새

**솔딱새** 33, 74
참새목 딱새과
먹이 곤충
분포 우리나라, 중국, 일본, 타이완, 러시아
구분 나그네새

**솔부엉이** 44
올빼미목 올빼미과
먹이 곤충(나방류, 딱정벌레류), 양서 파충류
분포 우리나라, 일본, 중국, 몽골, 동남아시아
구분 여름 철새

쇠딱다구리  24, 77, 94
딱다구리목 딱다구리과
먹이 벌레, 나무 열매(일본목련, 층층나무)
분포 우리나라, 중국, 일본, 만주, 러시아
구분 텃새

상모솔새  10, 103
참새목 상모솔새과
먹이 벌레
분포 우리나라, 중국, 일본, 대만
구분 겨울 철새

새매  111
참새목 수리과
먹이 새
분포 우리나라, 중국, 일본, 동남아시아, 러시아
구분 텃새, 겨울 철새

쇠박새  54~55, 65, 92~93, 95~96, 99, 103, 105, 107
참새목 박새과
먹이 벌레, 팥배나무 열매, 환삼덩굴 풀씨, 물오리나무 씨앗
분포 우리나라, 중국, 일본, 몽골, 유럽
구분 텃새

쇠부엉이  12
올빼미목 올빼미과
먹이 쥐
분포 우리나라, 중국, 몽골, 러시아, 유럽
구분 겨울 철새

새호리기  26, 59, 64, 70~71
매목 매과
먹이 새, 곤충
분포 우리나라, 중국, 일본, 서아시아, 유럽, 아프리카
구분 여름 철새

쇠솔딱새  32, 79
참새목 딱새과
먹이 곤충
분포 우리나라, 중국, 일본, 러시아, 필리핀
구분 나그네새

쇠유리새  35, 74
참새목 지빠귀과
먹이 벌레, 지렁이
분포 우리나라, 중국, 일본, 동남아시아
구분 여름 철새

숲새  46~47
참새목 휘파람새과
먹이 벌레
분포 우리나라, 중국, 일본, 동남아시아
구분 여름 철새

## 아

양진이  87
참새목 되새과
먹이 새순, 풀씨, 나무 열매
분포 우리나라, 중국, 일본, 몽골, 러시아
구분 겨울 철새

어치  21, 61, 86, 100, 105
참새목 까마귀과
먹이 벌레, 나무 열매
분포 우리나라, 중국, 일본, 몽골, 유럽
구분 텃새

오목눈이  52~53
참새목 오목눈이과
먹이 벌레
분포 우리나라, 중국, 일본, 유럽, 아프리카
구분 텃새

오색딱다구리  8, 13, 23, 61, 64, 94, 105, 108
딱다구리목 딱다구리과
먹이 벌레, 나무 열매(일본목련, 층층나무)
분포 우리나라, 중국, 일본, 몽골, 유럽
구분 텃새

왜가리  13
사다새목 백로과
먹이 물고기 등 잡식성
분포 우리나라, 중국, 일본, 몽골, 동남아시아
구분 여름 철새

울새  38
참새목 솔딱새과
먹이 벌레
분포 우리나라, 중국, 일본, 러시아, 동남아시아
구분 나그네새

유리딱새  35
참새목 솔딱새과
먹이 벌레, 작살나무 열매
분포 우리나라, 중국, 일본, 몽골
구분 나그네새

## 자

제비딱새  33, 78
참새목 딱새과
먹이 곤충
분포 우리나라, 중국, 일본, 동남아시아
구분 나그네새

**직박구리** 66, 76, 96, 98, 107
참새목 직박구리과
먹이 벌레, 새순, 나무 열매(층층나무, 팥배나무, 마가목, 산딸나무)
분포 우리나라, 일본, 동남아시아
구분 텃새

**진박새** 93, 105, 107
참새목 박새과
먹이 벌레, 물오리나무 열매, 씨앗
분포 우리나라, 중국, 일본, 동남아시아
구분 텃새

## 차

**참새** 60, 105
참새목 참새과
먹이 벌레, 씨앗, 풀씨
분포 우리나라, 중국, 일본, 동남아시아
구분 텃새

**청딱다구리** 23, 41, 77, 95, 102, 105, 108
딱다구리목 딱다구리과
먹이 벌레, 나무 열매(일본목련, 층층나무)
분포 우리나라, 일본, 중국, 몽골, 인도
구분 텃새

**칡때까치** 75
참새목 때까치과
먹이 벌레, 새, 양서 파충류
분포 우리나라, 중국 일본, 동남아시아
구분 여름 철새

## 카

**큰오색딱다구리** 102
딱다구리목 딱다구리과
먹이 벌레, 나무 열매(일본목련, 층층나무)
분포 우리나라, 중국, 일본, 러시아, 동남아시아
구분 텃새

**큰유리새** 34, 74
참새목 솔딱새과
먹이 곤충, 나무 열매
분포 우리나라, 중국, 일본, 몽골, 동남아시아
구분 여름 철새

**콩새** 75
참새목 되새과
먹이 나무 열매 , 씨앗(단풍나무, 자작나무)
분포 우리나라, 중국, 일본, 몽골, 러시아, 유럽, 아프리카
구분 겨울 철새

## 파

**파랑새** 58, 64
파랑새목 파랑새과
먹이 곤충
분포 우리나라, 중국, 일본, 몽골, 러시아
구분 여름 철새

## 하

**할미새사촌** 40
참새목 할미새사촌과
먹이 벌레
분포 우리나라, 중국, 일본, 동남아시아
구분 여름 철새, 나그네새

**호랑지빠귀** 50~51, 60
참새목 지빠귀과
먹이 벌레, 지렁이, 나무 열매
분포 우리나라, 중국, 일본, 러시아
구분 여름 철새

**힝둥새** 38
참새목 할미새과
먹이 벌레
분포 우리나라, 북한, 중국, 일본, 히말라야, 동남아시아
구분 나그네새, 겨울 철새

**흰눈썹붉은배지빠귀** 39
참새목 지빠귀과
먹이 벌레, 나무 열매
분포 우리나라, 중국, 동남아시아
구분 나그네새

**흰눈썹지빠귀** 40
참새목 딱새과
먹이 벌레, 말채나무 열매
분포 우리나라, 중국, 러시아, 동남아시아
구분 나그네새

**흰눈썹황금새** 45, 78
참새목 솔딱새과
먹이 벌레, 층층나무 열매
분포 우리나라, 중국, 몽골, 러시아
구분 여름 철새

**흰배멧새** 36
참새목 멧새과
먹이 벌레, 바랭이 풀씨
분포 우리나라, 중국, 동아시아, 러시아
구분 나그네새

## 이우만 글 그림

자연을 많이 접하며 자랐지만 별로 관심이 없었습니다.
서른 살이 될 즈음 생태 에세이 책에 그림을 그리면서
자연 속에서 살아가는 생명들에 관심을 갖게 되었습니다.
어른이 될 때까지 자연 속 소중한 존재들에 대해 아무도 말해 주지 않았던 게 속상해
스스로 아이들에게 그 이야기를 해 줘야겠다고 마음먹었습니다.
주로 도심 속 뒷산에서 만난 새들을 관찰하고 기록해서 책도 만들고 강연도 합니다.
그린 책으로《내가 좋아하는 동물원》《내가 좋아하는 야생동물》
《세밀화로 그린 보리 어린이 새 도감》들이 있고, 쓰고 그린 책으로
《창릉천에서 물총새를 만났어요》《뒷산의 새 이야기》
《청딱따구리의 선물》《새들의 밥상-뒷산 새 먹이 관찰 도감》들이 있습니다.

개똥이네 책방 24
처음 만나는 산새 관찰기
## 뒷산의 새 이야기

2021년 1월 11일 개정판 1쇄 펴냄 | 2024년 6월 10일 개정판 3쇄 펴냄

**글 그림** 이우만
**편집** 김로미, 박세미, 오윤주, 이경희, 임헌 | **교정** 김성재
**디자인** 오혜진
**제작** 심준엽
**영업마케팅** 김현정, 심규완, 양병희 | **영업관리** 안명선 | **새사업부** 조서연
**경영지원실** 노명아, 신종호, 차수민
**펴낸이** 유문숙 | **펴낸 곳** (주)도서출판 보리
**분해와 인쇄** (주)로얄프로세스 | **제본** 과성제책
**출판 등록** 1991년 8월 6일 제9-279호
**주소** (10881) 경기도 파주시 직지길 492
**전화** (031) 955-3535 | **전송** (031) 950-9501 | **누리집** www.boribook.com | **전자우편** bori@boribook.com

ⓒ 이우만, 2021

이 책의 내용을 쓰고자 할 때는, 저작권자와 출판사의 허락을 받아야 합니다. 잘못된 책은 바꾸어 드립니다.
보리는 나무 한 그루를 베어 낼 가치가 있는지 생각하며 책을 만듭니다.

값 22,000원
ISBN 979-11-6314-169-3 73490

이 도서의 국립중앙도서관 출판예정도서목록(CIP)은 서지정보유통지원시스템 홈페이지(http://seoji.nl.go.kr)와
국가자료종합목록 구축시스템(http://kolis-net.nl.go.kr)에서 이용하실 수 있습니다. (CIP제어번호 : CIP2020052799)

---

제품명 : 도서 제조자명 : (주) 도서출판 보리 주소 : (10881) 경기도 파주시 직지길 492 전화번호 : (031) 955-3535
제조년월 : 2024년 6월 제조국 : 대한민국 사용연령 : 10세 이상 주의사항 : 책의 모서리가 날카로우니 다치지 않게 주의하세요.
KC 마크는 이 제품이 공통안전기준에 적합하였음을 의미합니다.